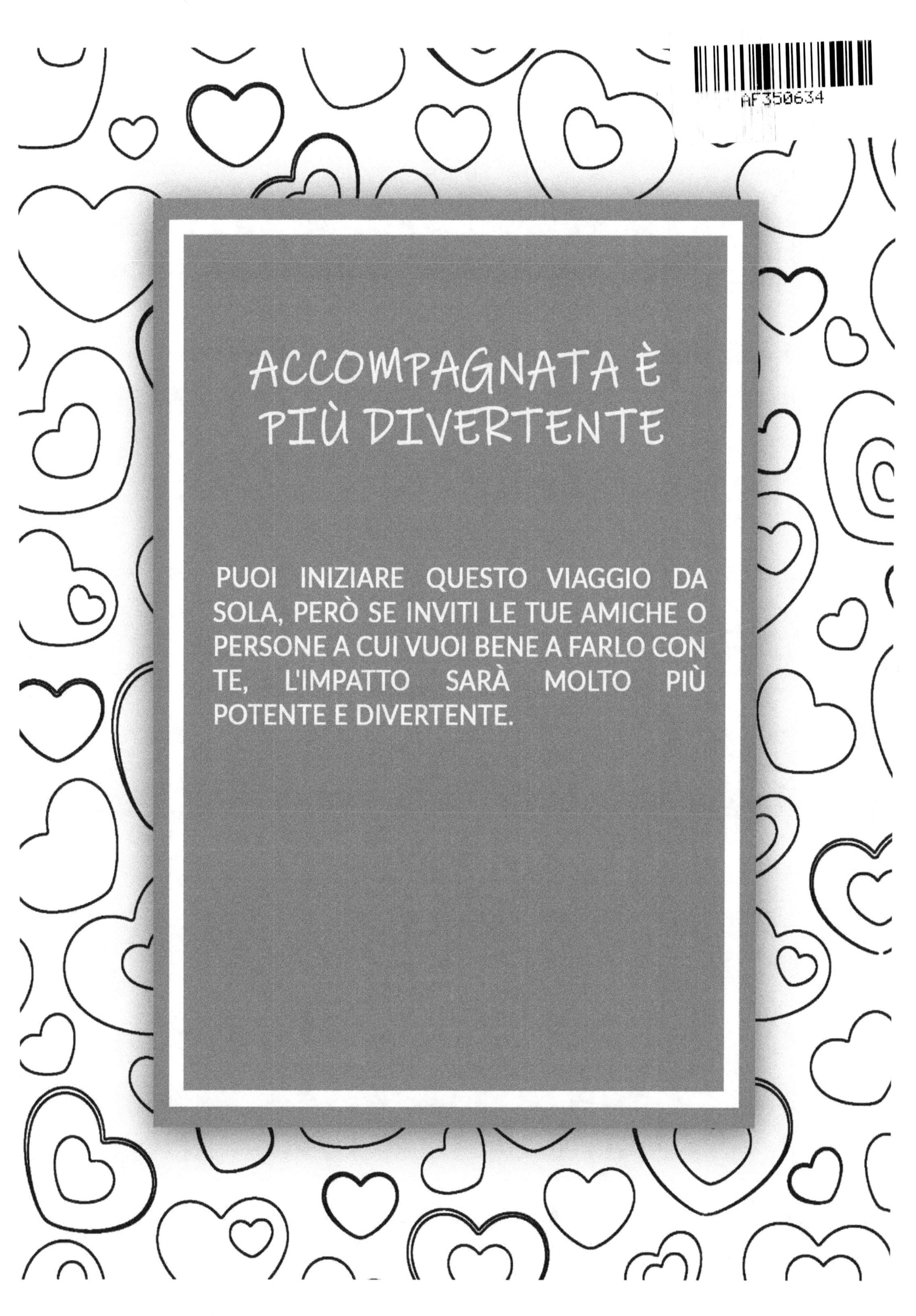
ACCOMPAGNATA È PIÙ DIVERTENTE

PUOI INIZIARE QUESTO VIAGGIO DA SOLA, PERÒ SE INVITI LE TUE AMICHE O PERSONE A CUI VUOI BENE A FARLO CON TE, L'IMPATTO SARÀ MOLTO PIÙ POTENTE E DIVERTENTE.

# ABBIAMO 3 REGALI SPECIALI PER TE

1- UN AUDIO SPECIALE PER AIUTARTI A DORMIRE MEGLIO, ASCOLTANDO LA PAROLA DEL SIGNORE.

2- RICEVI I NOSTRI DEVOZIONALI PER MANTENERTI ISPIRATO E CONNESSO CON DIO.

3- BELLISSIME ILLUSTRAZIONI DA STAMPARE E COLORARE CON VERSETTI DELLA BIBBIA.

## www.closr2god.com/regalo

PER TUA COMODITÀ, SCANNERIZZA IL CODICE SOTTO CON IL TUO SMARTPHONE (USANDO LA FOTOCAMERA COME SE DOVESSI FARE UNA FOTO); AUTOMATICAMENTE TI MOSTRERÀ LA PAGINA IN CUI PUOI INSERIRE LA TUA E-MAIL E RICEVERAI TUTTO.

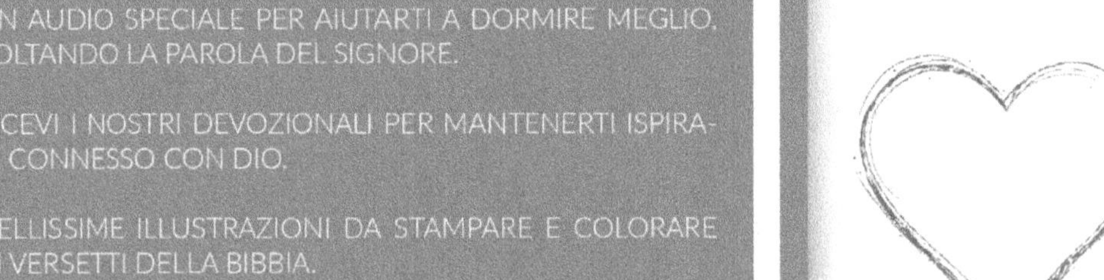

ISAIA 54:17
NESSUN'ARMA
FABBRICATA CONTRO DI TE RIUSCIRÀ;
E OGNI LINGUA CHE SORGERÀ IN
GIUDIZIO CONTRO DI TE,
TU LA CONDANNERAI.
TAL È L'EREDITÀ DEI SERVI DELL'ETERNO,
E LA GIUSTA RICOMPENSA
CHE VERRÀ LORO DA ME,
DICE L'ETERNO

NELLA MIA DISTRETTA
INVOCAI L'ETERNO
E GRIDAI AL MIO DIO.
EGLI UDÌ LA MIA VOCE DAL SUO
TEMPIO E IL MIO GRIDO
PERVENNE A LUI,
AI SUOI ORECCHI
SALMI 18:6

SALMI 147:3
EGLI GUARISCE CHI HA IL CUOR ROTTO, E FASCIA LE LORO PIAGHE

GIOSUÈ 1:6
SII FORTE E FATTI ANIMO, PERCHÉ TU METTERAI QUESTO POPOLO IN POSSESSO DEL PAESE CHE GIURAI AI LORO PADRI DI DARE AD ESSI

GIACOMO 5:15
E LA PREGHIERA
DELLA FEDE SALVERÀ
IL MALATO,
E IL SIGNORE LO RISTABILIRÀ;
E S'EGLI HA COMMESSO
DEI PECCATI,
GLI SARANNO
RIMESSI

MATTEO 6:16

E QUANDO
DIGIUNATE,
NON SIATE MESTI D'ASPETTO
COME GL'IPOCRITI;
POICHÉ ESSI SI
SFIGURANO LA FACCIA PER
FAR VEDERE AGLI UOMINI
CHE DIGIUNANO.
IO VI DICO IN VERITÀ CHE
COTESTO È IL PREMIO
CHE NE
HANNO

ECCLESIASTE 11:5

COME TU NON
CONOSCI LA VIA
DEL VENTO,
NÉ COME SI FORMINO
LE OSSA IN SENO ALLA
DONNA INCINTA,
COSÌ NON CONOSCI L'OPERA
DI DIO,
CHE FA TUTTO

COLOSSESI 3:17

E QUALUNQUE
COSA FACCIATE, IN PAROLA
O IN OPERA, FATE OGNI
COSA NEL
NOME DEL SIGNOR GESÙ,
RENDENDO GRAZIE A DIO
PADRE PER MEZZO
DI LUI.

ISAIA 26:3-4
A COLUI CH'È FERMO NEI SUOI SENTIMENTI TU CONSERVI LA PACE, LA PACE, PERCHÉ IN TE CONFIDA. 4 CONFIDATE IN PERPETUO NELL'ETERNO, POICHÉ L'ETERNO, SÌ L'ETERNO, È LA ROCCIA DEI SECOLI.

NELLA MIA
DISTRETTA INVOCAI
L'ETERNO, E GRIDAI
AL MIO DIO. EGLI UDÌ
LA MIA VOCE DAL SUO
TEMPIO, E IL MIO GRIDO
PERVENNE AI SUOI
ORECCHI
II SAMUELE 22:7

GIOVANNI 14:13
Ce quel che
chiederete
nel mio nome, lo farò;
affinché il Padre sia
glorificato
nel Figliuolo

ISAIA 41:10
ATU, NON TEMERE,
PERCHÉ IO SON TECO;
NON TI SMARRIRE, PERCHÉ
IO SONO IL TUO DIO;
IO TI FORTIFICO,
IO TI SOCCORRO,
IO TI SOSTENGO CON
LA DESTRA DELLA MIA GIUSTIZIA

II TIMOTEO 1:7
POICHÉ IDDIO CI HA DATO UNO SPIRITO NON DI TIMIDITÀ, MA DI FORZA E D'AMORE E DI CORREZIONE

DEUTERONOMIO 31: 6
SIATE FORTI, FATEVI
ANIMO, NON TEMETE E NON
VI SPAVENTATE DI LORO,
PERCHÉ L'ETERNO, IL TUO DIO,
È QUEGLI CHE CAMMINA TECO;
EGLI NON TI LASCERÀ
E NON TI
ABBANDONERÀ

Per favore, lascia una recensione su com'è stata la tua esperienza con questo libro finora.

Grazie.

SALMI 46:3
QUANDO LE ACQUE DEL MARE MUGGISSERO E SCHIUMASSERO, E PER IL LORO GONFIARSI TREMASSERO I MONTI

SALMI 46:1-2
PER IL CAPO DE' MUSICI. DEI FIGLIUOLI DI CORE. PER VOCI DI FANCIULLE. CANTO. DIO È PER NOI UN RIFUGIO ED UNA FORZA, UN AIUTO SEMPRE PRONTO NELLE DISTRETTE. 2 PERCIÒ NOI NON TEMEREMO, ANCHE QUANDO FOSSE SCONVOLTA LA TERRA, QUANDO I MONTI FOSSERO SMOSSI IN SENO AI MARI

ISAIA 41:13
PERCHÉ IO, L'ETERNO,
IL TUO DIO, SON QUEGLI CHE TI
PRENDO PER LA MIA
MAN DESTRA E TI DICO:
NON TEMERE,
IO T'AIUTO!

PROVERBI 11:25
L'ANIMA
BENEFICA SARÀ
NELL'ABBONDANZA,
E CHI ANNAFFIA
SARÀ
EGLI PURE
ANNAFFIATO

GIOVANNI 16:33

V'HO DETTE
QUESTE COSE,
AFFINCHÉ ABBIATE
PACE IN ME.
NEL MONDO
AVRETE
TRIBOLAZIONE;
MA FATEVI ANIMO,
IO HO VINTO
IL MONDO

ISAIA 43:1
MA ORA COSÌ PARLA L'ETERNO, IL TUO CREATORE, O GIACOBBE, COLUI CHE T'HA FORMATO, O ISRAELE! NON TEMERE, PERCHÉ IO T'HO RISCATTATO, T'HO CHIAMATO PER NOME; TU SEI MIO!

ISAIA 43:2
QUANDO PASSERAI PER DELLE ACQUE, IO SARÒ TECO; QUANDO TRAVERSERAI DE' FIUMI, NON TI SOMMERGERANNO; QUANDO CAMMINERAI NEL FUOCO, NON NE SARAI ARSO, E LA FIAMMA NON TI CONSUMERÀ.

LUCA 1:45
E BEATA È COLEI CHE HA CREDUTO, PERCHÉ LE COSE DETTELE DA PARTE DEL SIGNORE AVRANNO COMPIMENTO

GIACOMO 4:6-7
MA EGLI DÀ MAGGIOR GRAZIA; PERCIÒ LA SCRITTURA DICE: 7 DDIO RESISTE AI SUPERBI E DÀ GRAZIA AGLI UMILI. SOTTOMETTETEVI DUNQUE A DIO; MA RESISTETE AL DIAVOLO, ED EGLI FUGGIRÀ DA VOI.

FILIPPESI 4:7

E LA PACE DI DIO CHE
SOPRAVANZA OGNI
INTELLIGENZA,
GUARDERÀ I VOSTRI
CUORI
E I VOSTRI
PENSIERI
IN CRISTO GESÙ

MAKE YOUR
REQUEST TO ME,
AND I WILL GIVE
YOU THE NATIONS FOR
YOUR HERITAGE, AND
THE FARTHEST LIMITS
OF THE
EARTH WILL BE
UNDER YOUR HAND
PSALMS 2:8

II CORINZI 5:17

SE DUNQUE UNO
È IN CRISTO, EGLI
È UNA NUOVA
CREATURA;
LE COSE VECCHIE
SON PASSATE:
ECCO, SON
DIVENTATE
NUOVE

Salmi 121:3
Egli non permetterà che il tuo piè vacilli; colui che ti protegge non sonnecchierà

Salmi 42:5
Perché t'abbatti anima mia? perché ti commuovi in me? Spera in Dio, perch'io lo celebrerò ancora; egli è la mia salvezza e il mio Dio.

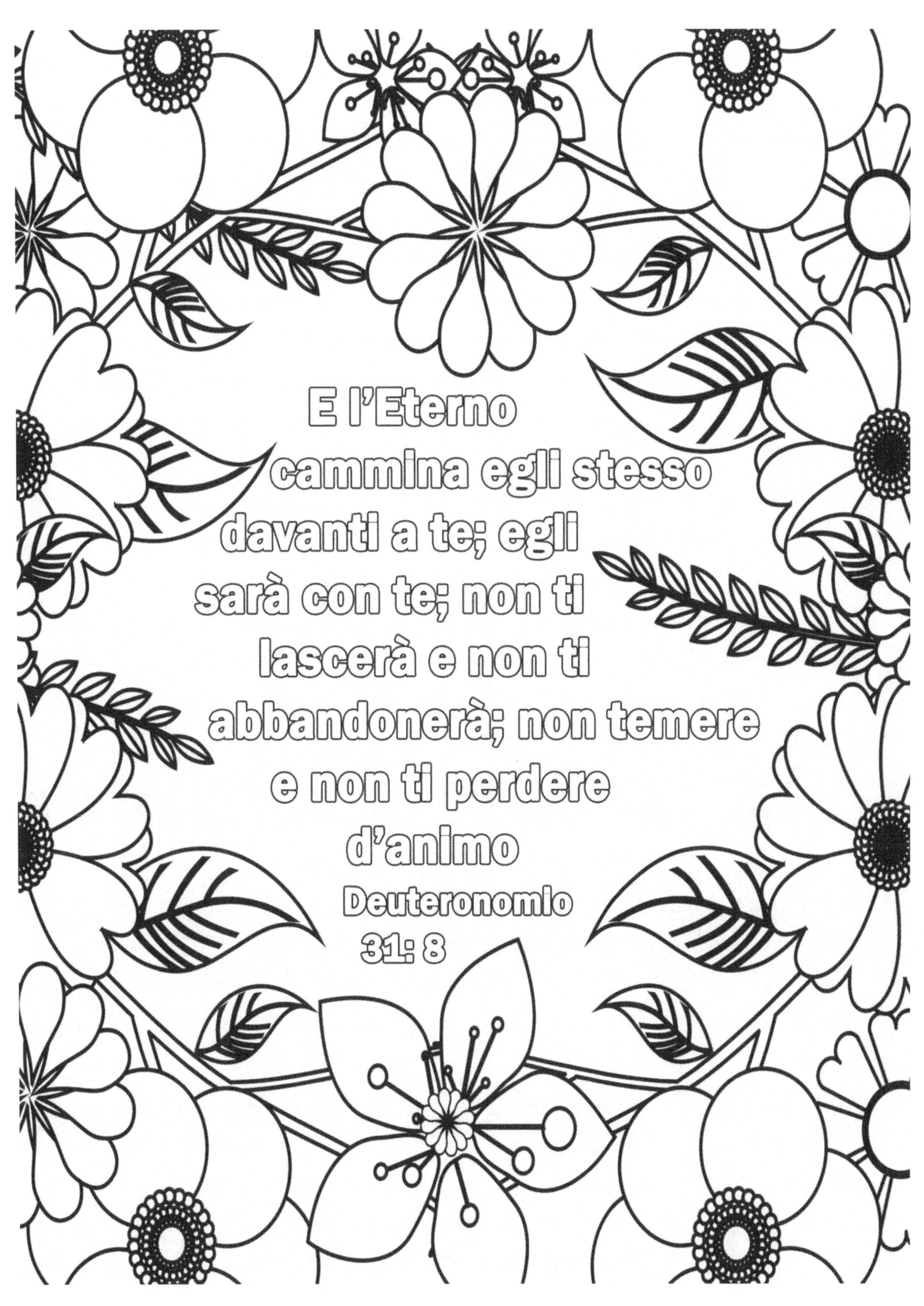
E l'Eterno
cammina egli stesso
davanti a te; egli
sarà con te; non ti
lascerà e non ti
abbandonerà; non temere
e non ti perdere
d'animo
Deuteronomio
31: 8

Nessuno ti
potrà stare a fronte
tutti i giorni della
tua vita; come sono stato
con Mosè, così sarò
teco; io non ti
lascerò e non
ti abbandonerò

Giosuè 1:5

Per tutto
v'è il suo tempo,
v'è il suo momento
per ogni cosa
sotto il cielo

Ecclesiaste 3: 1

Non te l'ho
io comandato?
Sii forte e fatti animo;
non ti spaventare e non ti
sgomentare, perché
l'Eterno, il tuo Dio, sarà
teco dovunque andrai

Giosuè 1:9

Efesini 6:13
Perciò, prendete la completa armatura di Dio, affinché possiate resistere nel giorno malvagio, e dopo aver compiuto tutto il dover vostro, restare in piè

ma quelli che
sperano
nell'Eterno
acquistan nuove forze,
s'alzano a volo come
aquile; corrono e non
si stancano, camminano
e non s'affaticano

Isaia 40: 31

Salmi 23: 4
Quand'anche camminassi nella valle dell'ombra della morte, io non temerei male alcuno, perché tu sei meco; il tuo bastone e la tua verga son quelli che mi consolano

Io,
io son colui che
vi consola; chi
sei tu che tu tema
l'uomo che deve morire,
e il figliuol dell'uomo
che passerà com'erba

Isaia 51:12

E Gesù:
Dici:
Se puoi?!
Ogni cosa è possibile
a chi crede
Marco 9: 23

Salmi
37: 4
Prendi il tuo diletto nell'Eterno, ed egli ti darà quel che il tuo cuore domanda

hiedete e vi
sarà dato;
cercate e
troverete;
picchiate e vi
sarà aperto

Matteo 7: 7

Filippesi 4: 6
Il Signore è vicino. Non siate con ansietà solleciti di cosa alcuna; ma in ogni cosa siano le vostre richieste rese note a Dio in preghiera e supplicazione con azioni di grazie

ABBIAMO 3 REGALI
SPECIALI PER TE

1- UN AUDIO SPECIALE PER AIUTARTI A DORMIRE MEGLIO,
ASCOLTANDO LA PAROLA DEL SIGNORE.

2- RICEVI I NOSTRI DEVOZIONALI PER MANTENERTI ISPIRA-
TO E CONNESSO CON DIO.

3- BELLISSIME ILLUSTRAZIONI DA STAMPARE E COLORARE
CON VERSETTI DELLA BIBBIA.

www.closr2god.com/regalo

PER TUA COMODITÀ, SCANNERIZZA IL CODICE SOTTO CON IL TUO
SMARTPHONE (USANDO LA FOTOCAMERA COME SE DOVESSI FARE
UNA FOTO); AUTOMATICAMENTE TI MOSTRERÀ LA PAGINA IN CUI
PUOI INSERIRE LA TUA E-MAIL E RICEVERAI TUTTO.

Per favore, lascia una recensione su com'è stata la tua esperienza con questo libro finora.
Grazie.

www.ingramcontent.com/pod-product-compliance
Lightning Source LLC
Chambersburg PA
CBHW081951160726
47999CB00008B/2588